Numeração

Unidades

0 → zero	0 unidade	5 → cinco 	5 unidades
1 → um 	1 unidade	6 → seis 	6 unidades
2 → dois 	2 unidades	7 → sete 	7 unidades
3 → três 	3 unidades	8 → oito 	8 unidades
4 → quatro 	4 unidades	9 → nove 	9 unidades

D	U
	IIIIIIIII
	9

D	U
←	IIIIIIIII
	9 + 1

D	U
1	0

Dezenas

10 unidades = 1 dezena

10 → dez
11 → onze
12 → doze
13 → treze
14 → quatorze
15 → quinze
16 → dezesseis
17 → dezessete
18 → dezoito
19 → dezenove

20 → vinte
21 → vinte e um
22 → vinte e dois
23 → vinte e três
24 → vinte e quatro
25 → vinte e cinco
26 → vinte e seis
27 → vinte e sete
28 → vinte e oito
29 → vinte e nove

30 → trinta
40 → quarenta
50 → cinquenta
60 → sessenta
70 → setenta
80 → oitenta
90 → noventa

D	U
1	0

Centenas

100 unidades = 10 dezenas = 1 centena

C	D	U
1	0	0

100 → cem
200 → duzentos
300 → trezentos
400 → quatrocentos
500 → quinhentos
600 → seiscentos
700 → setecentos
800 → oitocentos
900 → novecentos

Milhar

1 000 unidades = 100 dezenas = 10 centenas = 1 milhar

1 000 → mil
2 000 → dois mil
3 000 → três mil
4 000 → quatro mil
5 000 → cinco mil
10 000 → dez mil
20 000 → vinte mil
30 000 → trinta mil
40 000 → quarenta mil
50 000 → cinquenta mil
100 000 → cem mil
200 000 → duzentos mil
300 000 → trezentos mil
400 000 → quatrocentos mil
500 000 → quinhentos mil

M	C	D	U
1	0	0	0

Milhão

1 000 000 de unidades =
100 000 dezenas =
10 000 centenas =
1 000 milhares =
= 1 milhão

1 000 000 → um milhão
2 000 000 → dois milhões
3 000 000 → três milhões
4 000 000 → quatro milhões
5 000 000 → cinco milhões

10 000 000 → dez milhões
20 000 000 → vinte milhões
30 000 000 → trinta milhões
40 000 000 → quarenta milhões
50 000 000 → cinquenta milhões

100 000 000 → cem milhões
200 000 000 → duzentos milhões
300 000 000 → trezentos milhões
400 000 000 → quatrocentos milhões
500 000 000 → quinhentos milhões

Bilhão

1 000 000 000 de unidades =
100 000 000 de dezenas =
10 000 000 de centenas =
1 000 000 de milhares =
1 000 milhões =
= 1 bilhão

Como ler?

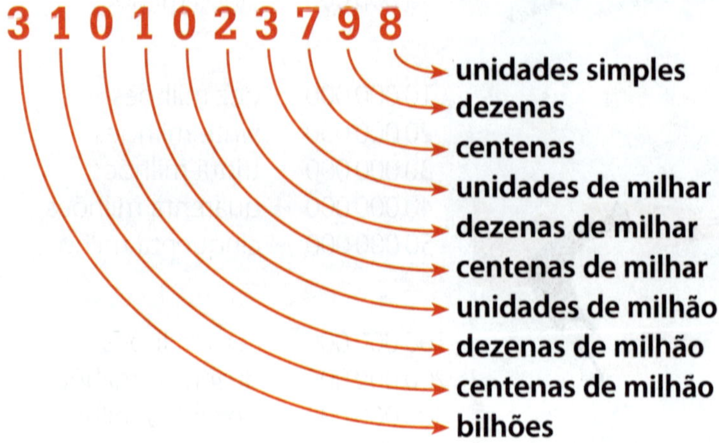

Lembre-se!

- O lugar que um algarismo ocupa em um numeral chama-se **ordem**.
- Três ordens formam uma **classe**.
- Temos a classe das unidades simples, dos milhares, dos milhões e dos bilhões, respectivamente a 1.ª, a 2.ª, a 3.ª e a 4.ª classe.

3 101 023 798

Lê-se: três bilhões, cento e um milhões, vinte e três mil, setecentas e noventa e oito unidades.

Agora é com você!

Escreva como você lê:

34 → ....

77 → ....

96 → ....

115 → ....

206 → ....

320 → ....

448 → ....

979 → ....

5 688 → ....

....

20 793 → ....

....

968 703 → ....

....

1 421 046 → ....

....

....

504 721 046 → ....

....

....

Adição

símbolo	lê-se
+	**mais**

$$\begin{array}{r} 2 \\ +\ 4 \\ \hline 6 \end{array}$$

2 → parcela
4 → parcela
6 → soma ou total

2	+	4	=	6
dois	**mais**	quatro	**é igual a**	seis

Complete o quadro abaixo:

símbolo	lê-se
+	....

$$\begin{array}{r} 3 \\ +\ 7 \\ \hline \ldots \end{array}$$

3 → parcela
7 → parcela
.... → soma ou total

3	+	7	=	10
três	....	sete	....	dez

Tabuada da adição

1 + 1 = 2
2 + 1 = 3
3 + 1 = 4
4 + 1 = 5
5 + 1 = 6
6 + 1 = 7
7 + 1 = 8
8 + 1 = 9
9 + 1 = 10

1 + 2 = 3
2 + 2 = 4
3 + 2 = 5
4 + 2 = 6
5 + 2 = 7
6 + 2 = 8
7 + 2 = 9
8 + 2 = 10
9 + 2 = 11

1 + 3 = 4
2 + 3 = 5
3 + 3 = 6
4 + 3 = 7
5 + 3 = 8
6 + 3 = 9
7 + 3 = 10
8 + 3 = 11
9 + 3 = 12

1 + 4 = 5
2 + 4 = 6
3 + 4 = 7
4 + 4 = 8
5 + 4 = 9
6 + 4 = 10
7 + 4 = 11
8 + 4 = 12
9 + 4 = 13

1 + 5 = 6
2 + 5 = 7
3 + 5 = 8
4 + 5 = 9
5 + 5 = 10
6 + 5 = 11
7 + 5 = 12
8 + 5 = 13
9 + 5 = 14

1 + 6 = 7
2 + 6 = 8
3 + 6 = 9
4 + 6 = 10
5 + 6 = 11
6 + 6 = 12
7 + 6 = 13
8 + 6 = 14
9 + 6 = 15

1 + 7 = 8
2 + 7 = 9
3 + 7 = 10
4 + 7 = 11
5 + 7 = 12
6 + 7 = 13
7 + 7 = 14
8 + 7 = 15
9 + 7 = 16

1 + 8 = 9
2 + 8 = 10
3 + 8 = 11
4 + 8 = 12
5 + 8 = 13
6 + 8 = 14
7 + 8 = 15
8 + 8 = 16
9 + 8 = 17

1 + 9 = 10
2 + 9 = 11
3 + 9 = 12
4 + 9 = 13
5 + 9 = 14
6 + 9 = 15
7 + 9 = 16
8 + 9 = 17
9 + 9 = 18

1 + 10 = 11
2 + 10 = 12
3 + 10 = 13
4 + 10 = 14
5 + 10 = 15
6 + 10 = 16
7 + 10 = 17
8 + 10 = 18
9 + 10 = 19

Adição

sem reserva e com reserva

a

	32
+	5
	37

D	U
3	2
+	5
3	7

45	51	73	84
+ 4	+ 8	+ 6	+ 5

b

	8
+	31
	39

12	3	5	34	4
+ 5	+ 24	+ 81	+ 5	+ 72

c

	47
+	21
	68

33	56	75	62	81
+ 64	+ 32	+ 24	+ 37	+ 18

d

	57
+	72
	129

68	46	31	25	71
+ 81	+ 93	+ 87	+ 94	+ 77

e

	127
+	452
	579

346	561	278	703
+ 243	+ 431	+ 620	+ 195

f

	325
+	913
	1238

413	925	635	35
+ 756	+ 563	+ 812	+ 614

g

	1
	68
+	24
	92

75	99	87	59	44
+ 17	+ 31	+ 86	+ 62	+ 67

h

	1
	57
+	64
	121

85	58	86	57	46
+ 37	+ 93	+ 78	+ 49	+ 84

Subtração

símbolo	lê-se
–	**menos**

$$\begin{array}{r} 6 \\ -\ 2 \\ \hline 4 \end{array}$$

6 → minuendo
2 → subtraendo
4 → resto ou diferença

6	–	2	=	4
seis	**menos**	dois	**é igual a**	quatro

Complete o quadro abaixo:

símbolo	lê-se
–	....

$$\begin{array}{r} 10 \\ -\ 8 \\ \hline \ldots\ldots \end{array}$$

10 → minuendo
8 → subtraendo
→ resto ou diferença

10	–	8	=	2
dez	....	oito	....	dois

Tabuada da subtração

1 − 1 = 0	2 − 2 = 0	3 − 3 = 0	4 − 4 = 0
2 − 1 = 1	3 − 2 = 1	4 − 3 = 1	5 − 4 = 1
3 − 1 = 2	4 − 2 = 2	5 − 3 = 2	6 − 4 = 2
4 − 1 = 3	5 − 2 = 3	6 − 3 = 3	7 − 4 = 3
5 − 1 = 4	6 − 2 = 4	7 − 3 = 4	8 − 4 = 4
6 − 1 = 5	7 − 2 = 5	8 − 3 = 5	9 − 4 = 5
7 − 1 = 6	8 − 2 = 6	9 − 3 = 6	10 − 4 = 6
8 − 1 = 7	9 − 2 = 7	10 − 3 = 7	11 − 4 = 7
9 − 1 = 8	10 − 2 = 8	11 − 3 = 8	12 − 4 = 8
10 − 1 = 9	11 − 2 = 9	12 − 3 = 9	13 − 4 = 9

5 − 5 = 0	6 − 6 = 0	7 − 7 = 0	8 − 8 = 0
6 − 5 = 1	7 − 6 = 1	8 − 7 = 1	9 − 8 = 1
7 − 5 = 2	8 − 6 = 2	9 − 7 = 2	10 − 8 = 2
8 − 5 = 3	9 − 6 = 3	10 − 7 = 3	11 − 8 = 3
9 − 5 = 4	10 − 6 = 4	11 − 7 = 4	12 − 8 = 4
10 − 5 = 5	11 − 6 = 5	12 − 7 = 5	13 − 8 = 5
11 − 5 = 6	12 − 6 = 6	13 − 7 = 6	14 − 8 = 6
12 − 5 = 7	13 − 6 = 7	14 − 7 = 7	15 − 8 = 7
13 − 5 = 8	14 − 6 = 8	15 − 7 = 8	16 − 8 = 8
14 − 5 = 9	15 − 6 = 9	16 − 7 = 9	17 − 8 = 9

9 − 9 = 0	10 − 10 = 0
10 − 9 = 1	11 − 10 = 1
11 − 9 = 2	12 − 10 = 2
12 − 9 = 3	13 − 10 = 3
13 − 9 = 4	14 − 10 = 4
14 − 9 = 5	15 − 10 = 5
15 − 9 = 6	16 − 10 = 6
16 − 9 = 7	17 − 10 = 7
17 − 9 = 8	18 − 10 = 8
18 − 9 = 9	19 − 10 = 9

Subtração

sem recurso e com recurso

a

	27
−	6
	21

D	U
2	7
−	6
2	1

49	36	78	57
− 8	− 5	− 7	− 6

b

	67
−	34
	33

48	86	95	55	78
− 17	− 25	− 73	− 32	− 46

c

	276
−	152
	124

349	457	647	793
− 237	− 346	− 512	− 471

d

	47
−	19
	28

51	64	72	93	85
− 23	− 48	− 37	− 77	− 58

e

	144
−	82
	62

139	162	154	178
− 94	− 71	− 63	− 86

f

	500
−	211
	289

700	400	300	900
− 342	− 229	− 183	− 634

g

	348
−	159
	189

467	556	763	635
− 278	− 157	− 379	− 446

h

	6 000
−	384
	5 616

5 000	4 000	7 000	8 000
− 459	− 554	− 782	− 355

i

	3 462
−	1 476
	1 986

3 576	4 785	5 137	6 254
− 1 698	− 1 896	− 2 889	− 3 767

Agora é com você!

a Marcelo vendeu 48 pirulitos. Júlia vendeu 15 a menos que Marcelo e André vendeu 29 a mais que Júlia. Quantos pirulitos Júlia vendeu? E André? Quantos pirulitos os três venderam juntos?

b Um jogo de futebol dura 45 minutos no primeiro tempo e 45 minutos no segundo tempo, com 15 minutos de intervalo. Em certo jogo, entretanto, o juiz teve de prorrogar o segundo tempo em mais 8 minutos por causa das faltas e mais 7 minutos por causa das interrupções. Qual foi o tempo gasto do início do jogo até o apito final?

c Em um jogo de basquete, Joca, o cestinha de nosso time, fez 35 pontos. Careca fez 17 pontos a menos que Joca, e Edu fez 8 a mais que Careca. Se só eles fizeram pontos, qual foi o placar para o nosso time? O time adversário fez 68 pontos. Ganhamos ou perdemos?

d Abelardo está lendo um livro de 384 páginas. Ele está na página 195. Quantas páginas faltam para Abelardo acabar de ler o livro?

e As galinhas de uma granja botaram 3 218 ovos na segunda-feira e 2 734 na terça-feira. Quantos ovos elas botaram a mais na segunda-feira?

f Um vagão do metrô sai de uma estação com 120 passageiros. Na primeira parada, desembarcam 35 pessoas e embarcam 20. Na segunda parada, embarcam 35 e desembarcam 5. Quantas pessoas estão nesse vagão?

g Num determinado dia, às 8h da manhã a temperatura era de 22 graus. Duas horas depois, houve uma queda de 6 graus. Na parte da tarde, a temperatura subiu 9 graus. Para quantos graus foi a temperatura?

h O médico orientou Mariana a caminhar todos os dias. Ela deveria andar 20 minutos no primeiro dia e ir aumentando 10 minutos a cada dia, até chegar a 1 hora.

- Em que dia Mariana estará caminhando 1 hora?
- Qual total de minutos ela terá caminhado até esse dia?

Multiplicação

símbolo	lê-se
×	vezes

3 → multiplicando
× 2 → multiplicando
6 → produto

2 × 3 = 3 + 3 = 6

2	×	3	=	6
duas	**vezes**	três	**é igual a**	seis

Complete o quadro abaixo:

símbolo	lê-se
×	....

4 → multiplicando
× 5 → multiplicando
.... → produto

5 × .... = 4 + 4 + 4 + 4 + 4 = 20

5	×	4	=	20
dez	....	quatro	....	vinte

Tabuada da multiplicação

1 × 1 = 1
2 × 1 = 2
3 × 1 = 3
4 × 1 = 4
5 × 1 = 5
6 × 1 = 6
7 × 1 = 7
8 × 1 = 8
9 × 1 = 9
10 × 1 = 10

1 × 2 = 2
2 × 2 = 4
3 × 2 = 6
4 × 2 = 8
5 × 2 = 10
6 × 2 = 12
7 × 2 = 14
8 × 2 = 16
9 × 2 = 18
10 × 2 = 20

1 × 3 = 3
2 × 3 = 6
3 × 3 = 9
4 × 3 = 12
5 × 3 = 15
6 × 3 = 18
7 × 3 = 21
8 × 3 = 24
9 × 3 = 27
10 × 3 = 30

1 × 4 = 4
2 × 4 = 8
3 × 4 = 12
4 × 4 = 16
5 × 4 = 20
6 × 4 = 24
7 × 4 = 28
8 × 4 = 32
9 × 4 = 36
10 × 4 = 40

1 × 5 = 5
2 × 5 = 10
3 × 5 = 15
4 × 5 = 20
5 × 5 = 25
6 × 5 = 30
7 × 5 = 35
8 × 5 = 40
9 × 5 = 45
10 × 5 = 50

1 × 6 = 6
2 × 6 = 12
3 × 6 = 18
4 × 6 = 24
5 × 6 = 30
6 × 6 = 36
7 × 6 = 42
8 × 6 = 48
9 × 6 = 54
10 × 6 = 60

1 × 7 = 7
2 × 7 = 14
3 × 7 = 21
4 × 7 = 28
5 × 7 = 35
6 × 7 = 42
7 × 7 = 49
8 × 7 = 56
9 × 7 = 63
10 × 7 = 70

1 × 8 = 8
2 × 8 = 16
3 × 8 = 24
4 × 8 = 32
5 × 8 = 40
6 × 8 = 48
7 × 8 = 56
8 × 8 = 64
9 × 8 = 72
10 × 8 = 80

1 × 9 = 9
2 × 9 = 18
3 × 9 = 27
4 × 9 = 36
5 × 9 = 45
6 × 9 = 54
7 × 9 = 63
8 × 9 = 72
9 × 9 = 81
10 × 9 = 90

1 × 10 = 10
2 × 10 = 20
3 × 10 = 30
4 × 10 = 40
5 × 10 = 50
6 × 10 = 60
7 × 10 = 70
8 × 10 = 80
9 × 10 = 90
10 × 10 = 100

Multiplicação

sem reagrupamento e com reagrupamento

a

$\begin{array}{r} 13 \\ \times\ 3 \\ \hline 39 \end{array}$

D	U
1	3
×	3
3	9

$\begin{array}{r} 31 \\ \times\ 3 \\ \hline \end{array}$ $\begin{array}{r} 22 \\ \times\ 4 \\ \hline \end{array}$ $\begin{array}{r} 14 \\ \times\ 2 \\ \hline \end{array}$ $\begin{array}{r} 32 \\ \times\ 2 \\ \hline \end{array}$

b

$\begin{array}{r} 32 \\ \times\ 4 \\ \hline 128 \end{array}$

$\begin{array}{r} 63 \\ \times\ 3 \\ \hline \end{array}$ $\begin{array}{r} 41 \\ \times\ 5 \\ \hline \end{array}$ $\begin{array}{r} 54 \\ \times\ 2 \\ \hline \end{array}$ $\begin{array}{r} 72 \\ \times\ 3 \\ \hline \end{array}$ $\begin{array}{r} 81 \\ \times\ 6 \\ \hline \end{array}$

c

$\begin{array}{r} 532 \\ \times\ 3 \\ \hline 1596 \end{array}$

$\begin{array}{r} 310 \\ \times\ 5 \\ \hline \end{array}$ $\begin{array}{r} 203 \\ \times\ 2 \\ \hline \end{array}$ $\begin{array}{r} 612 \\ \times\ 3 \\ \hline \end{array}$ $\begin{array}{r} 723 \\ \times\ 3 \\ \hline \end{array}$ $\begin{array}{r} 412 \\ \times\ 4 \\ \hline \end{array}$

d

$\begin{array}{r} {\scriptstyle 1\ } \\ 26 \\ \times\ 3 \\ \hline 78 \end{array}$

$\begin{array}{r} 14 \\ \times\ 4 \\ \hline \end{array}$ $\begin{array}{r} 26 \\ \times\ 2 \\ \hline \end{array}$ $\begin{array}{r} 27 \\ \times\ 3 \\ \hline \end{array}$ $\begin{array}{r} 18 \\ \times\ 2 \\ \hline \end{array}$ $\begin{array}{r} 16 \\ \times\ 3 \\ \hline \end{array}$

e

$\begin{array}{r} {\scriptstyle 1\ } \\ 42 \\ \times\ 8 \\ \hline 336 \end{array}$

$\begin{array}{r} 36 \\ \times\ 3 \\ \hline \end{array}$ $\begin{array}{r} 25 \\ \times\ 4 \\ \hline \end{array}$ $\begin{array}{r} 47 \\ \times\ 3 \\ \hline \end{array}$ $\begin{array}{r} 52 \\ \times\ 5 \\ \hline \end{array}$ $\begin{array}{r} 46 \\ \times\ 4 \\ \hline \end{array}$

f

$\begin{array}{r} {\scriptstyle 1\,1\ } \\ 143 \\ \times\ 4 \\ \hline 572 \end{array}$

$\begin{array}{r} 265 \\ \times\ 3 \\ \hline \end{array}$ $\begin{array}{r} 137 \\ \times\ 5 \\ \hline \end{array}$ $\begin{array}{r} 326 \\ \times\ 4 \\ \hline \end{array}$ $\begin{array}{r} 189 \\ \times\ 2 \\ \hline \end{array}$

g

$\begin{array}{r} {\scriptstyle 2\,1\ } \\ 642 \\ \times\ 5 \\ \hline 3\,210 \end{array}$

$\begin{array}{r} 718 \\ \times\ 3 \\ \hline \end{array}$ $\begin{array}{r} 604 \\ \times\ 5 \\ \hline \end{array}$ $\begin{array}{r} 205 \\ \times\ 6 \\ \hline \end{array}$ $\begin{array}{r} 780 \\ \times\ 5 \\ \hline \end{array}$

h

$\begin{array}{r} 32 \\ \times\ 12 \\ \hline 64 \\ 32+ \\ \hline 384 \end{array}$

$\begin{array}{r} 34 \\ \times\ 11 \\ \hline \end{array}$ $\begin{array}{r} 22 \\ \times\ 14 \\ \hline \end{array}$ $\begin{array}{r} 14 \\ \times\ 12 \\ \hline \end{array}$ $\begin{array}{r} 23 \\ \times\ 13 \\ \hline \end{array}$ $\begin{array}{r} 16 \\ \times\ 15 \\ \hline \end{array}$

i

$$\begin{array}{r} {\scriptstyle 1} \\ 45 \\ \times\ 13 \\ \hline 135 \\ 45+ \\ \hline 585 \end{array}$$

$$\begin{array}{r} 56 \\ \times\ 13 \\ \hline \end{array} \quad \begin{array}{r} 69 \\ \times\ 12 \\ \hline \end{array} \quad \begin{array}{r} 38 \\ \times\ 13 \\ \hline \end{array} \quad \begin{array}{r} 43 \\ \times\ 14 \\ \hline \end{array} \quad \begin{array}{r} 33 \\ \times\ 15 \\ \hline \end{array}$$

j

$$\begin{array}{r} {\scriptstyle 1} \\ {\scriptstyle 2} \\ 73 \\ \times\ 68 \\ \hline {\scriptstyle 1}\ \ \ \\ 584 \\ 438+ \\ \hline 4\,964 \end{array}$$

$$\begin{array}{r} 65 \\ \times\ 43 \\ \hline \end{array} \quad \begin{array}{r} 35 \\ \times\ 64 \\ \hline \end{array} \quad \begin{array}{r} 40 \\ \times\ 38 \\ \hline \end{array} \quad \begin{array}{r} 87 \\ \times\ 50 \\ \hline \end{array} \quad \begin{array}{r} 54 \\ \times\ 34 \\ \hline \end{array}$$

k

$$\begin{array}{r} {\scriptstyle 1\ 1}\ \ \\ 244 \\ \times\ 23 \\ \hline {\scriptstyle 1}\ \ \ \\ 732 \\ {\scriptstyle 1}\ \ \ \ \ \ \\ 488+ \\ \hline 5\,612 \end{array}$$

$$\begin{array}{r} 175 \\ \times\ 34 \\ \hline \end{array} \quad \begin{array}{r} 237 \\ \times\ 24 \\ \hline \end{array} \quad \begin{array}{r} 145 \\ \times\ 43 \\ \hline \end{array} \quad \begin{array}{r} 257 \\ \times\ 32 \\ \hline \end{array}$$

l

$$\begin{array}{r} {\scriptstyle 1}\ \ \\ {\scriptstyle 3}\ \ \\ 407 \\ \times\ 25 \\ \hline 2\,035 \\ 814+ \\ \hline 10\,175 \end{array}$$

$$\begin{array}{r} 650 \\ \times\ 47 \\ \hline \end{array} \quad \begin{array}{r} 309 \\ \times\ 65 \\ \hline \end{array} \quad \begin{array}{r} 768 \\ \times\ 65 \\ \hline \end{array} \quad \begin{array}{r} 200 \\ \times\ 87 \\ \hline \end{array}$$

m

$$\begin{array}{r} {\scriptstyle 4\ 5\ 3}\ \ \\ {\scriptstyle 7\ 7\ 4}\ \ \\ 1\,785 \\ \times\ 69 \\ \hline {\scriptstyle 1}\ \ \ \ \ \ \ \ \\ 16\,065 \\ 10\,710+ \\ \hline 123\,165 \end{array}$$

$$\begin{array}{r} 4\,562 \\ \times\ 75 \\ \hline \end{array} \quad \begin{array}{r} 8\,253 \\ \times\ 35 \\ \hline \end{array} \quad \begin{array}{r} 7\,012 \\ \times\ 46 \\ \hline \end{array} \quad \begin{array}{r} 8\,005 \\ \times\ 48 \\ \hline \end{array}$$

Divisão

símbolo	lê-se
÷	**dividido por**

dividendo ← 6 | 2 → divisor
resto ← 0   3 → quociente

6	÷	2	=	3
seis	**dividido por**	dois	**é igual a**	três

Complete o quadro abaixo:

símbolo	lê-se
÷	....

dividendo ← 12 | 6 → divisor
resto ← .... → quociente

12	÷	6	=	2
doze	....	seis	....	dois

Tabuada da divisão

1 ÷ 1 = 1
2 ÷ 1 = 2
3 ÷ 1 = 3
4 ÷ 1 = 4
5 ÷ 1 = 5
6 ÷ 1 = 6
7 ÷ 1 = 7
8 ÷ 1 = 8
9 ÷ 1 = 9
10 ÷ 1 = 10

2 ÷ 2 = 1
4 ÷ 2 = 2
6 ÷ 2 = 3
8 ÷ 2 = 4
10 ÷ 2 = 5
12 ÷ 2 = 6
14 ÷ 2 = 7
16 ÷ 2 = 8
18 ÷ 2 = 9
20 ÷ 2 = 10

3 ÷ 3 = 1
6 ÷ 3 = 2
9 ÷ 3 = 3
12 ÷ 3 = 4
15 ÷ 3 = 5
18 ÷ 3 = 6
21 ÷ 3 = 7
24 ÷ 3 = 8
27 ÷ 3 = 9
30 ÷ 3 = 10

4 ÷ 4 = 1
8 ÷ 4 = 2
12 ÷ 4 = 3
16 ÷ 4 = 4
20 ÷ 4 = 5
24 ÷ 4 = 6
28 ÷ 4 = 7
32 ÷ 4 = 8
36 ÷ 4 = 9
40 ÷ 4 = 10

5 ÷ 5 = 1
10 ÷ 5 = 2
15 ÷ 5 = 3
20 ÷ 5 = 4
25 ÷ 5 = 5
30 ÷ 5 = 6
35 ÷ 5 = 7
40 ÷ 5 = 8
45 ÷ 5 = 9
50 ÷ 5 = 10

6 ÷ 6 = 1
12 ÷ 6 = 2
18 ÷ 6 = 3
24 ÷ 6 = 4
30 ÷ 6 = 5
36 ÷ 6 = 6
42 ÷ 6 = 7
48 ÷ 6 = 8
54 ÷ 6 = 9
60 ÷ 6 = 10

7 ÷ 7 = 1
14 ÷ 7 = 2
21 ÷ 7 = 3
28 ÷ 7 = 4
35 ÷ 7 = 5
42 ÷ 7 = 6
49 ÷ 7 = 7
56 ÷ 7 = 8
63 ÷ 7 = 9
70 ÷ 7 = 10

8 ÷ 8 = 1
16 ÷ 8 = 2
24 ÷ 8 = 3
32 ÷ 8 = 4
40 ÷ 8 = 5
48 ÷ 8 = 6
56 ÷ 8 = 7
64 ÷ 8 = 8
72 ÷ 8 = 9
80 ÷ 8 = 10

9 ÷ 9 = 1
18 ÷ 9 = 2
27 ÷ 9 = 3
36 ÷ 9 = 4
45 ÷ 9 = 5
54 ÷ 9 = 6
63 ÷ 9 = 7
72 ÷ 9 = 8
81 ÷ 9 = 9
90 ÷ 9 = 10

10 ÷ 10 = 1
20 ÷ 10 = 2
30 ÷ 10 = 3
40 ÷ 10 = 4
50 ÷ 10 = 5
60 ÷ 10 = 6
70 ÷ 10 = 7
80 ÷ 10 = 8
90 ÷ 10 = 9
100 ÷ 10 = 10

Divisão exata

com divisores de um e de dois algarismos

	Exemplo				
a	217 ⌊7 07 31 0	156 ⌊3	328 ⌊4	246 ⌊6	455 ⌊5
b	684 ⌊2 08 342 04 0	848 ⌊4	486 ⌊2	963 ⌊3	268 ⌊2
c	52 ⌊2 12 26 0	36 ⌊2	45 ⌊3	96 ⌊4	75 ⌊3
d	33 ⌊11 03 3 0	55 ⌊11	77 ⌊11	22 ⌊11	44 ⌊11
e	42 ⌊21 02 2 0	93 ⌊31	69 ⌊23	84 ⌊42	48 ⌊12
f	168 ⌊14 028 12 00	276 ⌊23	384 ⌊12	441 ⌊21	273 ⌊13
g	1326 ⌊13 0026 102 00	2 814 ⌊14	6 946 ⌊23	9 664 ⌊32	
h	2196 ⌊36 036 61 00	1 633 ⌊23	2 272 ⌊32	2 952 ⌊41	

Divisão

Divisão inexata
com divisores de um e de dois algarismos

a Exemplo: 49 ÷ 4 → 09, quociente 12, resto 1

37 ÷ 3 | 87 ÷ 2 | 94 ÷ 3 | 67 ÷ 2

b Exemplo: 79 ÷ 3 → 19, quociente 26, resto 1

97 ÷ 4 | 81 ÷ 5 | 61 ÷ 4 | 58 ÷ 3

c Exemplo: 411 ÷ 5 → 11, quociente 82, resto 1

337 ÷ 4 | 226 ÷ 3 | 559 ÷ 6 | 466 ÷ 5

d Exemplo: 422 ÷ 4 → 022, quociente 105, resto 2

1 221 ÷ 6 | 764 ÷ 7 | 1 629 ÷ 8 | 543 ÷ 5

e Exemplo: 2 869 ÷ 26 → 026, quociente 110, resto 009

1 768 ÷ 16 | 3 746 ÷ 34 | 2 994 ÷ 23

f Exemplo: 1 567 ÷ 17 → 037, quociente 92, resto 3

1 129 ÷ 12 | 1 864 ÷ 23 | 2 371 ÷ 35

g Exemplo: 1 631 ÷ 26 → 71, quociente 62, resto 19

1 540 ÷ 15 | 3 769 ÷ 18 | 7 942 ÷ 26

Veja:

45 ÷ 15 → 00, quociente 3

45 é **divisível** por 15

45 é **divisível** por 3

Agora é com você!

a Eduardo tem 18 bolinhas de gude. Seu irmão tem 5 vezes esse número. Quantas bolinhas o irmão de Eduardo tem?

b Dona Maria vai repartir igualmente 228 balas entre seus 38 alunos. Quantas balas cada aluno irá receber?

c No Cine Lido há 18 fileiras com 35 cadeiras cada uma. Qual é o total de cadeiras desse cinema?

d Em uma multiplicação, os termos **multiplicando** e **multiplicador** também são denominados **fatores**. Se o produto de uma multiplicação é 1 007 e um dos fatores é 53, qual é o outro fator?

e Se um caminhão-cegonha pode transportar até 8 carros por viagem, quantas viagens serão necessárias para transportar 76 carros? E na última viagem, quantos carros o caminhão irá transportar?

f Para conduzir água de um reservatório a uma casa distante 372 metros dele, quantos canos de 3 metros de comprimento serão necessários?

g Ouve-se o estrondo de um raio 12 segundos depois de ele ter sido visto. Calcule a que distância o raio caiu, sabendo que o som percorre 340 metros por segundo.

h Em uma divisão exata, o divisor é 37 e o quociente é 124. Qual é o dividendo?

i Qual é o número que multiplicado por 42 resulta 2 352?

j Em uma divisão, vale a relação:

dividendo → 50 |3 → *divisor*
resto → 05 15 → *quociente*

- Qual é o menor número que se deve subtrair de 458 para torná-lo divisível por 21, de modo que o resto seja zero?

k O médico de Carlos receitou um remédio que deveria ser tomado por 120 dias. Isso corresponde a aproximadamente quantas semanas?

l Quantas semanas em média há em um ano?

m O consumo consciente de água por pessoa deve ser de aproximadamente 110 litros por dia. Em uma casa onde moram 7 pessoas, qual é o gasto mensal estimado?

n Na cidade de João, a passagem de ônibus custa R$ 3,00. João usa 2 passagens para ir ao trabalho e 1 para voltar. Se ele trabalha de segunda a sábado, qual é o valor aproximado de seu gasto mensal?

o Uma lâmpada deve durar 8 000 horas. Isso corresponde a quantos meses aproximadamente?

p Elisa toma 20 mL de vitamina de manhã e 20 mL à noite. Se a jarra de vitamina tem 300 mL, por quantos dias ela irá durar?

q Em uma padaria, uma *pizza* custa 24 reais. Se a *pizza* fosse dividida em 8 pedaços iguais, mantendo o valor total, quanto custaria cada pedaço?

r Num churrasco, costuma-se calcular que um homem consome em média 400 g de carne; uma mulher, 250 g. Milton vai fazer um churrasco para 20 pessoas, entre as quais 12 são mulheres. Que quantidade de carne deve comprar?

s São Paulo tem cerca de 4 000 restaurantes. Se uma pessoa fosse jantar em um deles no sábado e em outro no domingo, quantos anos levaria para ela ir a todos os restaurantes da cidade?

Ordinais, romanos e decimais

Números ordinais

Os números ordinais indicam ordem, posição ou lugar.

1.º → primeiro

2.º → segundo

3.º → terceiro

4.º → quarto

5.º → quinto

6.º → sexto

7.º → sétimo

8.º → oitavo

9.º → nono

10.º → décimo
20.º → vigésimo
30.º → trigésimo
40.º → quadragésimo
50.º → quinquagésimo
60.º → sexagésimo
70.º → setuagésimo
80.º → octogésimo
90.º → nonagésimo
100.º → centésimo

200.º → ducentésimo
300.º → trecentésimo
400.º → quadringentésimo
500.º → quingentésimo
600.º → sexcentésimo
700.º → setingentésimo
800.º → octingentésimo
900.º → nongentésimo ou noningentésimo
1 000.º → milésimo

Algarismos romanos

Os **algarismos romanos** são usados, em geral, na numeração de capítulos de livros, na indicação de séculos, nos mostradores de alguns relógios etc.

I	= 1	XX	= 20	CCC	= 300
II	= 2	XXI	= 21	CD	= 400
III	= 3	XXII	= 22	D	= 500
IV	= 4	XXIII	= 23	DC	= 600
V	= 5	XXIV	= 24	DCC	= 700
VI	= 6	XXV	= 25	DCCC	= 800
VII	= 7	XXVI	= 26	CM	= 900
VIII	= 8	XXVII	= 27	M	= 1 000
IX	= 9	XXVIII	= 28	MM	= 2 000
X	= 10	XXIX	= 29	MMM	= 3 000
XI	= 11	XXX	= 30	$\overline{\text{IV}}$	= 4 000
XII	= 12	XL	= 40	$\overline{\text{V}}$	= 5 000
XIII	= 13	L	= 50	$\overline{\text{VI}}$	= 6 000
XIV	= 14	LX	= 60	$\overline{\text{VII}}$	= 7 000
XV	= 15	LXX	= 70	$\overline{\text{VIII}}$	= 8 000
XVI	= 16	LXXX	= 80	$\overline{\text{IX}}$	= 9 000
XVII	= 17	XC	= 90	$\overline{\text{X}}$	= 10 000
XVIII	= 18	C	= 100	$\overline{\text{C}}$	= 100 000
XIX	= 19	CC	= 200	$\overline{\text{M}}$	= 1 000 000

Números decimais

0,1 é um número decimal. Isso significa que dividimos um inteiro em **10** partes iguais e tomamos uma.

Lê-se **um décimo**.

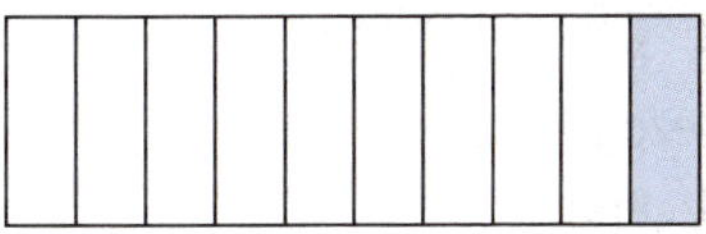

fração decimal

$\frac{1}{10} = 0,1 \rightarrow$ **número decimal**

Agora é com você!

a Complete conforme o exemplo:

Sexagésimo quarto → 64.°

Vigésimo terceiro → ....

Trigésimo quinto → ....

Quadragésimo oitavo → ....

Décimo sétimo → ....

Centésimo vigésimo → ....

Ducentésimo → ....

19.° → Décimo nono

15.° → ....

64.° → ....

58.° → ....

193.° → ....

278.° → ....

326.° → ....

b Escreva em algarismos romanos:

8 →	16 →	23 →	37 → ....
45 →	54 →	76 →	109 → ....
157 →	215 →	358 →	416 → ....

c Complete conforme o exemplo:

2,35 → dois inteiros e trinta e cinco centésimos

3,49 → ....

10,8 → ....

23,41 → ....

Sete décimos → 0,7

Dois décimos → ....

Quatro inteiros e doze centésimos → ....

Vinte e nove centésimos → ....

Trinta e oito inteiros e sessenta e nove centésimos → ....

Dezoito inteiros e seis décimos → ....

Ordinais, romanos e decimais

Nosso dinheiro e porcentagem

Sistema monetário brasileiro

A moeda brasileira é o **real**. O símbolo do real é **R$**.
O real existe em moedas e cédulas.

Moedas	Cédulas
R$ 0,01 → um centavo	R$ 1,00 → um real
R$ 0,05 → cinco centavos	R$ 5,00 → cinco reais
R$ 0,10 → dez centavos	R$ 10,00 → dez reais
R$ 0,25 → vinte e cinco centavos	R$ 20,00 → vinte reais
R$ 0,50 → cinquenta centavos	R$ 50,00 → cinquenta reais
R$ 1,00 → um real	R$ 100,00 → cem reais

Leia:

R$ 1 000,00 → mil reais
R$ 10 000,00 → dez mil reais
R$ 100 000,00 → cem mil reais

Escreva por extenso:

a) R$ 78,00
b) R$ 50,80
c) R$ 40,79
d) R$ 56,00

Agora é com você!

a Uma bicicleta custa duzentos e noventa e seis reais e trinta e sete centavos. Escreva essa quantia em números.

b Em uma lanchonete, o hambúrguer custa R$ 4,07 e a batata frita, R$ 2,24. Se eu comprar, além de um hambúrguer e uma batata frita, um refrigerante de R$ 1,50, de quanto será minha conta?

c Tenho R$ 3,00. Devo R$ 3,25 para João e R$ 1,40 para Tonico. Arnaldo me deve R$ 2,30. Se ele me pagar o que deve e eu juntar essa quantia àquela que tenho, será que conseguirei pagar minhas dívidas com João e Tonico? Sobrará algum dinheiro para mim?

d Para pagar um aluguel de R$ 285,00 com apenas 7 cédulas, quais devem ser os valores dessas cédulas?

Porcentagem

Porcentagem é uma parte proporcional calculada sobre 100 unidades, ou seja, toma-se como base o número 100.

Por exemplo:

Havia 100 doces na padaria. João comprou 60.

Dizemos então que João comprou **60%** dos doces, isto é, de 100 unidades, ele comprou 60.

símbolo	lê-se
%	**por cento**

Cálculo de porcentagem

Quantos são 20% de 300?

Existem três modos de calcular:

1.º) $300 \times 20 = 6\,000$
$6\,000 \div 100 = 60$

2.º) $\frac{20}{100}$ de $300 = \frac{20}{100} \times \frac{300}{1} = \frac{6\,000}{100} = 60$

3.º) $20 \div 100 = 0{,}20$
$300 \times 0{,}20 = 60$

Juros

Juro é um acréscimo calculado sobre determinado valor. Os juros são indicados geralmente em porcentagem, em relação a um período de tempo (10% ao mês; 12% ao ano etc.).

Por exemplo:

Pedro depositou R$ 600,00 na poupança. A taxa mensal de juros é de 2%. Quanto Pedro ganhará de juros em um mês?

$600 \times 2 = 1\,200$
$1\,200 \div 100 = 12$

Em um mês, Pedro ganhará R$ 12,00 de juros.

Agora é com você!

a Seu José comprou 400 cabeças de gado no ano passado. Neste ano, vendeu 30% e comprou mais 50 cabeças. Quantas cabeças de gado ele tem?

b O preço de um fogão é R$ 1 000,00. Dona Margarida comprou à vista e teve um desconto de 5%. Por quanto dona Margarida comprou o fogão?

c Meu tio emprestou R$ 980,00 a um amigo no mês passado. Agora o amigo dele vai devolver o dinheiro com 7% de juros. Que valor corresponde aos juros? Quanto meu tio vai receber?

d O sítio de minha tia tem 80 cabeças de gado. Desse total, 20% são bois, 60% são vacas e o restante são bezerros. Quantos são os bois, quantas são as vacas e quantos são os bezerros?

e O banco me cobrará 9% ao mês se eu fizer um empréstimo de R$ 500,00. No cartão de crédito, que cobra 14% ao mês, já gastei R$ 300,00. Quanto pagarei, em reais, um mês depois, ao banco e à administradora do cartão de crédito pelos empréstimos?

f Fui comprar material escolar e, na primeira loja, o preço era R$ 80,00 com um desconto de 15%. Na segunda loja, o preço era R$ 100,00, mas o desconto era de 32%. Em qual loja vale mais a pena comprar? Por quê?

g Tenho R$ 1 445,00 para comprar móveis novos. Os móveis que escolhi custam ao todo R$ 1 700,00. Que porcentagem devo pedir de desconto para poder pagá-los com o dinheiro que tenho?

h Para encher 60% de uma caixa-d'água são necessários 75 litros de água. Quantos litros são necessários para encher a metade da caixa?

i Uma joia pesa 15 gramas. A quantidade de ouro que ela contém é de 3 gramas. Qual é a porcentagem de ouro na joia?

j Se 20% de um número corresponde a 16, qual é esse número?

i					
2					
17	46	31	28	42	57
29	12	26	16	13	29
+ 34	+ 27	+ 15	+ 22	+ 17	+ 11
80					

j					
1					
32	68	39	95	38	46
45	42	17	88	68	89
+ 56	+ 35	+ 46	+ 37	+ 97	+ 65
133					

k				
1				
278	424	539	147	626
+ 317	+ 456	+ 228	+ 725	+ 356
595				

l				
1 1				
459	392	283	146	574
+ 259	+ 328	+ 478	+ 664	+ 327
718				

m				
2 1				
351	478	874	678	943
468	727	569	587	325
+ 587	+ 869	+ 798	+ 735	+ 732
1406				

n				
1 1 1				
5 243	7 936	2 847	3 766	4 689
+ 1 978	+ 1 194	+ 2 187	+ 4 865	+ 4 322
7 221				

o				
1 1				
57	8	7 392	732	76
112	417	158	97	1 358
+ 8 359	+ 3 275	+ 15	+ 4 278	+ 7
8 528				

Sistemas de medidas

Medidas de comprimento

Para medir a altura das pessoas ou a largura de uma janela, por exemplo, usamos as medidas de comprimento.

O **metro** é a unidade principal das medidas de comprimento. Seu símbolo é **m**.

Existem os múltiplos do metro, que são unidades maiores, e os submúltiplos, que são unidades menores.

múltiplos | **submúltiplos**

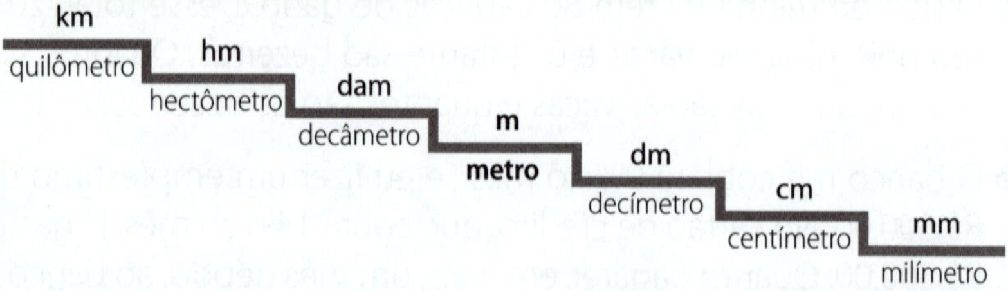

múltiplos	
1 km	1000 m
1 hm	100 m
1 dam	10 m

submúltiplos	
1 dm	0,1 m
1 cm	0,01 m
1 mm	0,001 m

Medidas de superfície ou área

Para medir a superfície do tampo de uma mesa ou a área de uma sala de aula, por exemplo, usamos as medidas de superfície.

O **metro quadrado** é a unidade principal das medidas de superfície. Seu símbolo é **m²**.

O metro quadrado é a área de um quadrado cujos lados medem 1 m.

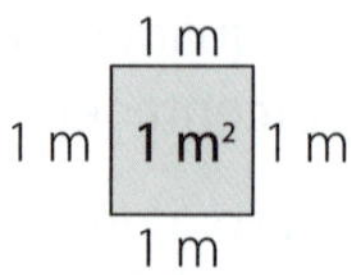

área = 1 m × 1 m = 1 m²

O metro quadrado também tem seus múltiplos e submúltiplos:

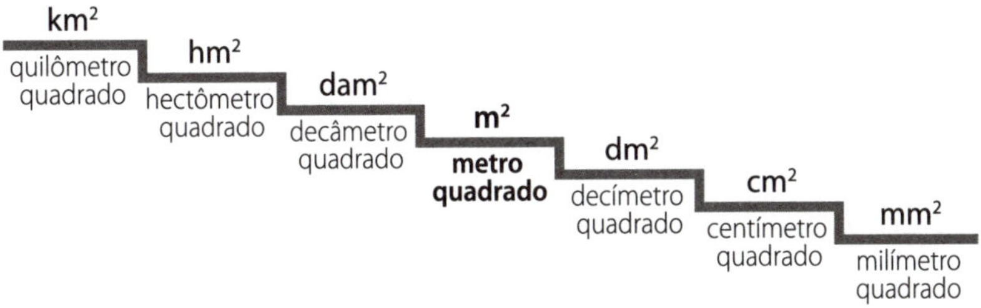

1 km^2	1000 000 m^2
1 hm^2	10 000 m^2
1 dam^2	100 m^2

1 dm^2	0,01 m^2
1 cm^2	0,0001 m^2
1 mm^2	0,000001 m^2

Medidas de volume

Para medir o espaço de uma piscina vazia, por exemplo, usamos as medidas de volume.

O **metro cúbico** é a unidade principal das medidas de volume. Seu símbolo é **m^3**.

O metro cúbico é o volume de um cubo de 1 m de aresta. Veja a seguir seus múltiplos e submúltiplos:

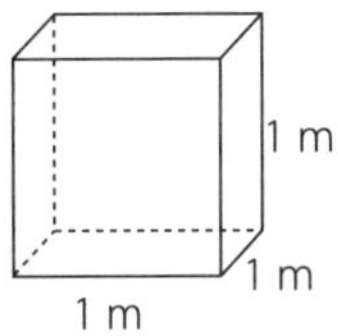

volume = 1 m × 1 m × 1 m = 1 m^3

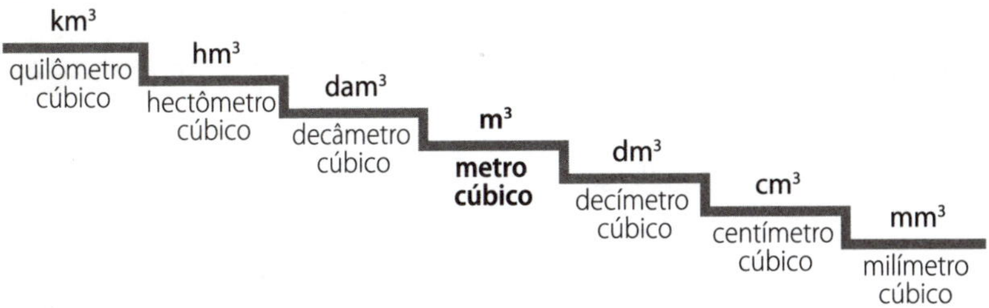

1 km^3	1000 000 000 m^3
1 hm^3	1000 000 m^3
1 dam^3	1000 m^3

1 dm^3	0,001 m^3
1 cm^3	0,000 001 m^3
1 mm^3	0,000 000 001 m^3

Medidas de massa

Balança é um aparelho usado para medir a massa (ou o peso) de pessoas, animais e objetos, entre outras coisas. Para isso, utilizamos as medidas de massa.

O **grama** é a principal unidade das medidas de massa. Seu símbolo é **g**. Veja seus múltiplos e submúltiplos:

múltiplos | **submúltiplos**

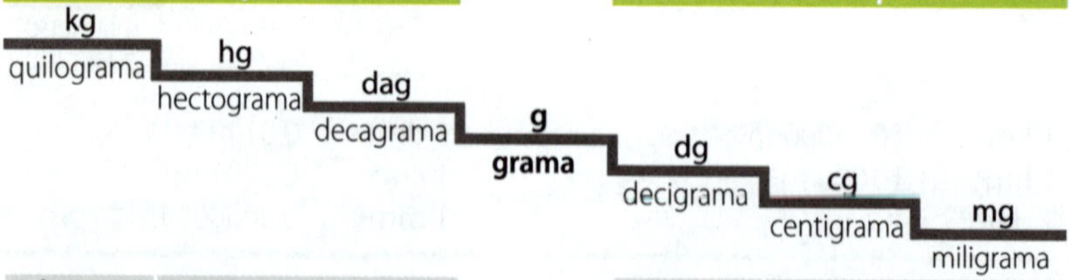

1 kg	1 000 g
1 hg	100 g
1 dag	10 g

1 dg	0,1 g
1 cg	0,01 g
1 mg	0,001 g

Existem ainda a **tonelada** e a **arroba**. Usa-se a tonelada para representar uma grande quantidade de massa, como a de um caminhão, por exemplo. A arroba, em geral, é utilizada na pesagem de gado, algodão etc.

Medidas de capacidade

Para medir a quantidade de líquido existente em um recipiente, empregamos as medidas de capacidade.

O **litro** é a unidade principal das medidas de capacidade. Seu símbolo é **L**. Veja seus múltiplos e submúltiplos:

múltiplos | **submúltiplos**

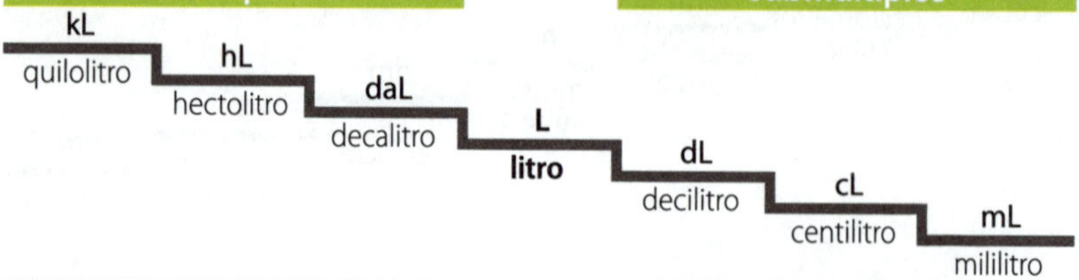

1 kL	1 000 L
1 hL	100 L
1 daL	10 L

1 dL	0,1 L
1 cL	0,01 L
1 mL	0,001 L

Medidas de tempo

Usamos as **horas**, os **minutos** e os **segundos** para medir o tempo.

Uma hora tem 60 minutos. Seu símbolo é **h**.

Um minuto tem 60 segundos. Seu símbolo é **min**.

O símbolo de segundo é **s**.

Existem ainda outras unidades para medir o tempo:

dia	24 horas	semestre	6 meses
semana	7 dias	ano	12 meses
quinzena	15 dias	biênio	2 anos
mês	28, 30 ou 31 dias	quinquênio	5 anos
bimestre	2 meses	década	10 anos
trimestre	3 meses	século	100 anos

O ano tem 365 dias. De quatro em quatro anos, porém, ele tem 366 dias. É o ano bissexto.

Para saber se o mês tem 30 ou 31 dias, basta fazer uma associação com os nós dos dedos das mãos. Os vãos entre os nós correspondem aos meses de 30 dias, com exceção de fevereiro. Os nós correspondem aos meses de 31 dias. O mês de fevereiro tem 28 dias. Nos anos bissextos, esse mês tem 29 dias.

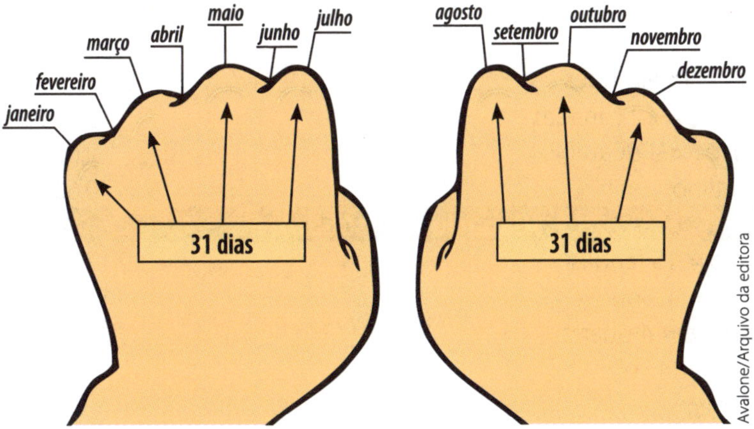

Avalone/Arquivo da editora

Sistemas de medidas

Medidas antigas

Comprimento	
1 braça = 2 varas	2,2 m
1 vara = 5 palmos	1,1 m
1 côvado = 3 palmos	0,66 m
1 palmo = 8 polegadas	0,22 m
1 pé = 12 polegadas	0,33 m
1 polegada	0,0254 m
Superfície	
1 braça quadrada	4,84 m²
1 alqueire paulista = 5 000 braças quadradas	24 200 m²
1 alqueire mineiro = 10 000 braças quadradas	48 400 m²
1 jeira = 400 braças quadradas	19,36 ares
Volume	
1 braça cúbica	10,648 m³
1 palmo cúbico	0,010 640 m³
1 pé cúbico	0,035 930 m³
Massa	
1 tonelada = 13 1/2 quintais	793,238 kg
1 quintal = 4 arrobas	58,7584 kg
1 arroba = 32 libras	14,6896 kg
1 libra = 4 quartas	459,05 g
1 quarta = 4 onças	114,76 g
1 onça	28,69 g
Capacidade (líquido)	
1 tonel = 2 pipas	958,32 L
1 pipa = 15 almudes	479,16 L
1 almude = 12 canadas	31,94 L
1 canada = 4 quartilhos	2,662 L
1 quartilho	0,665 L
Capacidade (sólido)	
1 miolo = 15 fangas	2 176,20 L
1 fanga = 4 alqueires	145,98 L
1 alqueire = 4 quartas	36,27 L
1 quarta = 4 celamins	9,07 L
1 celamim	2,26 L

Agora é com você!

a Comprei um micro-ondas a prazo, dando 20% de entrada e o restante em 5 prestações de R$ 80,00. Qual foi o preço pago pelo micro-ondas?

b Uma banheira contém 300 litros de água. Como o ralo entupiu, um balde de 20 litros será usado para esvaziá-la. Quantas vezes o balde deverá ser enchido para tirar toda a água da banheira?

c Ao arrumar os livros na estante, Mariana percebeu que, colocando 8 livros em cada prateleira, sobrariam 3 livros. Mas se ela colocasse 7 em cada prateleira não iria sobrar nenhum. A quantidade de livros que Mariana possui está entre 20 e 50. Quantos livros ela tem?

d A caixa-d'água de uma casa tem capacidade para armazenar 3 000 L de água. Nessa casa moram 5 pessoas, e cada uma gasta, em média, 280 L de água por dia. O cano da rua furou e a caixa-d'água não irá receber água até que ele seja consertado. Por quanto tempo irá durar a água dessa caixa?

e Uma loja de tecido fará uma promoção sensacional! Vai dividir uma peça de tecido de 20 metros em pedaços de 2,5 metros e, depois, cada um desses retalhos será dado como brinde aos clientes. Quantos brindes serão distribuídos?

f Para a feijoada de sábado, dona Benedita comprou 25 kg de feijão, 12 kg de arroz, 7 kg de carne-seca e 8,5 kg de linguiça. Quantos quilogramas de ingredientes dona Benedita comprou no total?

g Um caminhão-pipa transporta 12 m^3 de água. Ele abastece, com quantidades iguais, as caixas-d'água de 5 casas. Quantos metros cúbicos de água recebe cada casa? Sabendo que 1 m^3 corresponde a 1 000 L, quantos litros de água recebe cada casa?

h Em um terreno de 800 m^2 será construída uma casa que ocupará 280 m^2. O resto do terreno será um jardim. Quantos metros quadrados terá esse jardim?

Respostas das atividades

p. 7

34 - Trinta e quatro
77 - Setenta e sete
96 - Noventa e seis
115 - Cento e quinze
206 - Duzentos e seis
320 - Trezentos e vinte
448 - Quatrocentos e quarenta e oito
979 - Novecentos e setenta e nove
5 688 - Cinco mil, seiscentos e oitenta e oito
20 793 - Vinte mil, setecentos e noventa e três
968 703 - Novecentos e sessenta e oito mil, setecentos e três
1 421 046 - Um milhão, quatrocentos e vinte e um mil e quarenta e seis
504 721 046 - Quinhentos e quatro milhões, setecentos e vinte e um mil e quarenta e seis

p. 8

mais; 10
mais; é igual a

p. 10

a) 45 + 4 = 49; 51 + 8 = 59; 73 + 6 = 79; 84 + 5 = 89
b) 12 + 5 = 17; 3 + 24= 27; 5 + 81= 86; 34 + 5 = 39; 4 + 72 = 76
c) 33 + 64 = 97; 56 + 32 = 88; 75 + 24 = 99; 62 + 37 = 99; 81 + 18 = 99
d) 68 + 81 = 149; 46 + 93 = 139; 31 + 87 = 118; 25 + 94 = 119; 71 + 77 = 148
e) 346 + 243 = 589; 561 + 431 = 992; 278 + 620 = 898; 703 + 195 = 898
f) 413 + 756 = 1169; 925 + 563 = 1488; 635 + 812 = 1447; 35 + 614 = 649
g) 75 + 17 = 92; 99 + 31 = 130; 87 + 86 = 173; 59 + 62 = 121; 44 + 67 = 111
h) 85 + 37 = 122; 58 + 93 = 151; 86 + 78 = 164; 57 + 49 = 106; 46 + 84 = 130

p. 11

i) 46 + 12 + 27 = 85; 31 + 26 + 15 = 72; 28 + 16 + 22 = 66; 42 + 13 + 17 = 72; 57 + 29 + 11 = 97
j) 68 + 42 + 35 = 145; 39 + 17 + 46 = 102; 95 + 88 + 37 = 220; 38 + 68 + 97 = 203; 46 + 89 + 65 = 200
k) 424 + 456 = 880; 539 + 228 = 767; 147 + 725 = 872; 626 + 356 = 982
l) 392 + 328 = 720; 283 + 478 = 761; 146 + 664 = 810; 574 + 327 = 901
m) 478 + 727 + 869 = 2074; 874 + 569 + 798 = 2241; 678 + 587 + 735 = 2000; 943 + 325 + 732 = 2000
n) 7 936 + 1 194 = 9 130; 2 847 + 2 187 = 5 034; 3 766 + 4 865 = 8 631; 4 689 + 4 322 = 9 011
o) 8 + 417 + 3 275 = 3 700; 7 392 + 158 + 15 = 7 565; 732 + 97 + 4 278 = 5 107; 76 + 1 358 + 7 = 1 441

p. 12

menos; 2
menos; é igual a

p. 14

a) 49 - 8 = 41; 36 - 5 = 31; 78 - 7 = 71; 57 - 6 = 51
b) 48 - 17 = 31; 86 - 25 = 61; 95 - 73 = 22; 55 - 32 = 23; 78 - 46 = 32
c) 349 - 237 = 112; 457 - 346 = 111; 647 - 512 = 135; 793 - 471 = 322
d) 51 - 23 = 28; 64 - 48 = 16; 72 - 37 = 35; 93 - 77 = 16; 85 - 58 = 27
e) 139 - 94 = 45; 162 - 71 = 91; 154 - 63 = 91; 178 - 86 = 92
f) 700 - 342 = 358; 400 - 229 = 171; 300 - 183 = 117; 900 - 634 = 266
g) 467 - 278 = 189; 556 - 157 = 399; 763 - 379 = 384; 635 - 446 = 189
h) 5 000 - 459 = 4 541; 4 000 - 554 = 3 446; 7 000 - 782 = 6 218; 8 000 - 355 = 7 645
i) 3 576 - 1 698 = 1 878; 4 785 - 1 896 = 2 889; 5 137 - 2 889 = 2 248; 6 254 - 3 767 = 2 487

p. 15

a) Júlia: 33, André: 62, juntos: 143;
b) 120 minutos;
c) 79 pontos, ganhamos;
d) 189;
e) 484;
f) 135 pessoas;
g) 25 graus;
h) 5.º dia/200 minutos.

p. 16

vezes; 20; 4
vezes; é igual a

p. 18

a) 31 x 3 = 93; 22 x 4 = 88; 14 x 2 = 28; 32 x 2 = 64
b) 63 x 3 = 189; 41 x 5 = 205; 54 x 2 = 108; 72 x 3 = 216; 81 x 6 = 486
c) 310 x 5 = 1550; 203 x 2 = 406; 612 x 3 = 1836; 723 x 3 = 2169; 412 x 4 = 1648
d) 14 x 4 = 56; 26 x 2 = 52; 27 x 3 = 81; 18 x 2 = 36; 16 x 3 = 48
e) 36 x 3 = 108; 25 x 4 = 100; 47 x 3 = 141; 52 x 5 = 260; 46 x 4 = 184
f) 265 x 3 = 795; 137 x 5 = 685; 326 x 4 = 1304; 189 x 2 = 378
g) 718 x 3 = 2 154; 604 x 5 = 3 020; 205 x 6 = 1 230; 780 x 5 = 3 900
h) 34 x 11 = 374; 22 x 14 = 308; 14 x 12 = 168; 23 x 13 = 299; 16 x 15 = 240

p. 19

i) 56 x 13 = 728; 69 x 12 = 828; 38 x 13 = 494; 43 x 14 = 602; 33 x 15 = 495
j) 65 x 43 = 2 795; 35 x 64 = 2 240; 40 x 38 = 1 520; 87 x 50 = 4 350; 54 x 34 = 1836
k) 175 x 34 = 5 950; 237 x 24 = 5 688; 145 x 43 = 6 235; 257 x 32 = 8 224
l) 650 x 47 = 30 550; 309 x 65 = 20 085; 768 x 65 = 49 920; 200 x 87 = 17 400
m) 4 562 x 75 = 342 150; 8 253 x 35 = 288 855; 7 012 x 46 = 322 552; 8 005 x 48 = 384 240

p. 20

dividido; 0; 2
dividido por; é igual a

p. 22

a) 156 ÷ 3 = 52; 328 ÷ 4 = 82; 246 ÷ 6 = 41; 455 ÷ 5 = 91
b) 848 ÷ 4 = 212; 486 ÷ 2 = 243; 963 ÷ 3 = 321; 268 ÷ 2 = 134
c) 36 ÷ 2 = 18; 45 ÷ 3 = 15; 96 ÷ 4 = 24; 75 ÷ 3 = 25
d) 55 ÷ 11 = 5; 77 ÷ 11 = 7; 22 ÷ 11 = 2; 44 ÷ 11 = 4
e) 93 ÷ 31 = 3; 69 ÷ 23 = 3; 84 ÷ 42 = 2; 48 ÷ 12 = 4
f) 276 ÷ 23 = 12; 384 ÷ 12 = 32; 441 ÷ 21 = 21; 273 ÷ 13 = 21
g) 2 814 ÷ 14 = 201; 6 946 ÷ 23 = 302; 9 664 ÷ 32 = 302
h) 1 633 ÷ 23 = 71; 2 272 ÷ 32 = 71; 2 952 ÷ 41 = 72

p. 23

a) 37 ÷ 3 = 12, resto: 1; 87 ÷ 2 = 43, resto: 1; 94 ÷ 3 = 31, resto: 1; 67 ÷ 2 = 33, resto: 1;
b) 97 ÷ 4 = 24, resto: 1; 81 ÷ 5 = 16, resto: 1; 61 ÷ 4 = 15, resto: 1; 58 ÷ 3 = 19, resto: 1;
c) 337 ÷ 4 = 84, resto: 1; 226 ÷ 3 = 75, resto: 1; 559 ÷ 6 = 93, resto: 1; 466 ÷ 5 = 93, resto: 1;
d) 1 221 ÷ 6 = 203, resto: 3; 764 ÷ 7 = 109, resto: 1; 1 629 ÷ 8 = 203, resto: 5; 543 ÷ 5 = 108, resto: 3;
e) 1 768 ÷ 16 = 110, resto: 8; 3 746 ÷ 34 = 110, resto: 6; 2 994 ÷ 23 = 130, resto: 4.
f) 1 129 ÷ 12 = 94, resto: 1; 1 864 ÷ 23 = 81, resto: 1; 2 371 ÷ 35 = 67, resto: 26;
g) 1 540 ÷ 15 = 102, resto: 10; 3 769 ÷ 18 = 209, resto: 7; 7 942 ÷ 26 = 305, resto: 12.

p. 24

a) 90;
b) 6;
c) 630;
d) 19;
e) 9 viagens, 4 carros;
f) 124 canos;
g) 4 080 metros;
h) 4 588;
i) 56;
j) 17.

p. 25

k) Aproximadamente 17 semanas;
l) Aproximadamente 52 semanas;
m) 23 100 litros de água por mês;
n) Seu gasto mensal é de R$ 216,00;
o) Aproximadamente 11 meses;
p) A vitamina irá durar 7 dias e meio.
q) 3 reais
r) 3 000 g
s) 6 200 g